Joseph Georg Wolf

Politik und Gerechtigkeit bei Traian

SCHRIFTENREIHE
DER JURISTISCHEN GESELLSCHAFT e.V.
BERLIN

Heft 54

1978

DE GRUYTER · BERLIN · NEW YORK

Politik und Gerechtigkeit bei Traian

Von

Dr. jur. Joseph Georg Wolf

o. Prof. an der Universität Freiburg i. Br.

Vortrag
gehalten vor der
Berliner Juristischen Gesellschaft
am 12. Dezember 1973

1978

DE GRUYTER · BERLIN · NEW YORK

Hans Julius Wolff
zum 75. Geburtstag

CIP-Kurztitelaufnahme der Deutschen Bibliothek

Wolf, Joseph Georg
Politik und Gerechtigkeit bei Traian : Vortrag,
gehalten vor d. Berliner Jur. Ges. am 12. Dezember
1973. — 1. Aufl. — Berlin, New York : de Gruyter,
1978.

(Schriftenreihe der Juristischen Gesellschaft
e. V. Berlin ; H. 54)

ISBN 3-11-004938-4

Satz und Druck: Saladruck, 1000 Berlin 36
Buchbindearbeiten: Berliner Buchbinderei Wübben & Co., 1000 Berlin 42

Eines der großen Altarwerke des Südtiroler Malers und Bildschnitzers Michael Pacher, nämlich der um 1480 für das Augustiner-Kloster Neustift bei Brixen gemalte Kirchenväter-Altar, heute ein Hauptstück der Alten Pinakothek zu München, zeigt die vier großen lateinischen Kirchenlehrer: Hieronymus, Augustinus, Gregor den Großen und Ambrosius. Jedem von ihnen hat der Maler eine Attributfigur beigegeben. Papst Gregor ist dargestellt, wie er aus einer von Höllenflammen umzüngelten Bodenspalte eine kleine nackte Gestalt mit gekröntem Haupte emporzieht: den römischen Kaiser Traian. Die vita Gregorii aus dem 9. Jahrhundert erzählt nämlich, Papst Gregor habe zu Gott gebetet, er möge Traian aus den Qualen der Hölle befreien; sein Gebet sei erhört und der heidnische Kaiser in das himmliche Paradies aufgenommen worden. Was den Papst zu seiner Fürbitte aber vermocht habe, sei die Gerechtigkeitsliebe Traians gewesen.

In dieser mittelalterlichen Legende überlebt die antike Tradition von der Milde und Gerechtigkeit dieses Herrschers. Im heutigen allgemeinen Geschichtsbewußtsein ist diese Überlieferung kaum gegenwärtig. Der Traian unserer Schulbücher: das ist vor allem die glänzende Eroberergestalt, der ruhmreiche Feldherr auf dem Kaiserthron, der die Grenzen des Weltreichs noch einmal hinausgeschoben hat.

Erinnern wir uns: Im Norden, auf dem Balkan, hatte in den achtziger Jahren Domitian die Donaulinie gegen die Daker verteidigen müssen. Die Daker hatten schon einmal Rom beunruhigt. Damals wollte Caesar gegen sie vorgesehen. Traian tat es jetzt. In zwei Kriegszügen, in den Jahren 101 und 104, hat er sie unterworfen und ihr Reich zwischen Donau und Karpaten zu einer römischen Provinz gemacht. Die Bilder der Traianssäule in Rom sind der Tatenbericht dieser Kriege. Ihr Ziel war die endgültige Sicherung der Grenze. Mit demselben Entschluß zog Traian im Osten gegen die ungleich mächtigeren Parther. Im Jahre 66 v. Chr. hatten Rom und

Parthien den Euphrat als ihre Grenze vertraglich bestimmt. Zu einem dauerhaften Frieden war es aber nie gekommen. Traian wollte ihn durch eine radikale imperialistische Lösung gewinnen. Seine Kriegserfolge waren phantastisch; sie erinnerten die Welt an Alexander: Binnen Kurzem, in den Jahren 114 bis 116, erorberte er Armenien, Mesopotamien und Assyrien. Das Ergebnis aller großartigen Siege war nicht von Bestand. Von Dauer war aber der Ruhm des Siegers. Mehr noch als den Feldherrn bewunderte die alte Welt jedoch den Staatsmann Traian. Über seine Kriegstaten stellte sie noch seine Verwaltung der Stadt und des Reichs. Diese Verwaltung war das Instrument einer neuen Reichspolitik, die in den Provinzen nicht mehr bloße Domänen des *populus Romanus* sah, sondern Teile des römischen Staates selbst. Diese Politik hatte sich schon unter Vespasian und Titus angebahnt, war unter Domitian aber wieder verkümmert; planvoll und umfassend wurde sie zuerst von Traian betrieben und in einer strengen, deutlich zentralisierenden Verwaltung praktiziert.

Die Wohltaten dieses Regiments erklären die alten Schriftsteller aus den persönlichen Tugenden des Kaisers. Sie rühmen seine Klugheit und Umsicht, seine Gelassenheit und sein Maßhalten, seine Verläßlichkeit, auch seine Großzügigkeit und sein Wohlwollen für jedermann, vor allem rühmen sie aber seine Gerechtigkeit und Milde. In der alten Welt hatte dieses Ansehen Traians kanonische Geltung. Jahrhunderte hindurch verkündete der römische Senat den Kaisern sein Vorbild in dem Zuruf, *Felicior Augusto, melior Traiano'*. Und bis in die Spätzeit war für den Schmeichler wie für den wahrhaftigen Lobredner der *princeps optimus*, als den schon seine Zeit ihn gefeiert hat, das rühmlichste Exempel des gütigen und gerechten Herrschers.

Worauf gründet sich diese besondere Geltung Traians? Was sind die Taten, um derentwillen Zeitgenossen und Nachwelt ihn ‚gerecht' genannt haben? Gebührt ihm wirklich der Ruhm des gerechten Kaisers? Oder ist das Ansehen seiner Gerechtigkeit überhöht, ist, womöglich, die Gerechtigkeit, die ihm nachgerühmt wird, nur das Erzeugnis einer zwanzigjährigen Regierungspropaganda? Auch damit müssen wir rechnen. Denn wie Siege und Eroberungen, wie Bauten und Schenkungen mehrte auch das Ansehen der Gerechtigkeit die *auctoritas* des Princeps, und nach der Ideologie des Prinzipats rechtfertigte allein *auctoritas* seine Herrschaft.

Diesen Fragen möchte ich in meinem Vortrag nachgehen. In einem ersten Teil wird uns die Auskunft der alten Schriftsteller veranlassen, Traians Verhalten gegenüber der Senatsaristokratie und seine Praxis der außerordentlichen Staatseinnahmen zu untersuchen. Im zweiten Teil des Vortrags sollen sodann die juristischen Quellen, Traians Reskripte, Mandate und Edikte, also die unmittelbaren Zeugnisse seiner Rechtspolitik und Rechtspflege durchmustert werden.

I.

Die Auskunft der alten Schriftsteller auf unsere Fragen ist nicht sehr ergiebig. Die zeitgenössische Geschichtsschreibung läßt uns ganz im Stich. Tacitus' Historien endeten mit der Ermordung Domitians im Jahre 96. Das wiederholte Versprechen, zum Zeugnis für das neue, glückliche Zeitalter auch die Geschichte Nervas und Traians zu schreiben, hat er nicht eingelöst. Sueton hat seine Kaiserbiographien ebenfalls mit Domitian abgeschlossen. Die Reichs- und Kaisergeschichten aus dem 4. Jahrhundert, die an Tacitus und Sueton anknüpften und darum mit Nerva und Traian begannen, sind in eben diesen Teilen verloren gegangen. Was wir an historiographischem Material über Traian überhaupt in Händen haben, ist äußerst ärmlich: die Darstellung des Dio Cassius aus dem Ende des 2. Jahrhunderts in einem mittelalterlichen Auszug und aus dem 4. und frühen 5. Jahrhundert die anspruchslosen Kompilationen einiger Breviarien und Kompendien.

Ein zeitgenössisches Werk über Traian besitzen wir jedoch in der Dankrede des jüngeren Plinius für die Erteilung des Konsulats. Sie verbessert die Überlieferungslage im ganzen aber nur wenig. Denn Traian hat von 98 bis 117 regiert, und die Rede ist am 19. September 100, also schon im dritten Regierungsjahr des Kaisers gehalten worden. Immerhin läßt sie uns diese Anfangsjahre seiner Herrschaft deutlicher sehen. Nicht nur die Leitbilder und Tendenzen der Rede sind aufschlußreich; auch für die Ereignisgeschichte ist sie eine verläßliche Quelle.

Eine Würdigung der historischen Literatur führt zu der Vermutung, daß die römische Geschichtsschreibung die Rechtlichkeit der Herrschaft Traians nach seinem Verhalten gegenüber der Senatsaristokratie und nach der Gesetzmäßigkeit seiner Fiskalverwaltung beurteilt hat. Die Dankrede des Plinius bestätigt diese Vermutung. Schon sie feiert nämlich das Verhältnis Traians zur Senatsaristokratie und seine Regulierung der Staatseinnahmen als die Ruhmeszeichen seiner Gerechtigkeit.

Wir betrachten zunächst Traians Verhältnis zum Senat.

Die Glückwünsche des Senats zu seinem Regierungsantritt beantwortete Traian, der in Köln die Konsolidierung der Lage in Rom abwartete, mit dem Gelöbnis, daß er keines Senators Leben oder Ehrenstellung jemals antasten werde. Damit versprach er, über Senatoren keine kapitale Gerichtsbarkeit auszuüben. Die Gerichtsbarkeit des Princeps hatte sich erst in nachaugusteischer Zeit zu einer festen Einrichtung entwickelt. Jeder Bürger war ihr unterworfen. Seit den Justizmorden Neros gehörte es aber zum Programm der Senatspartei, dem Kaisergericht die Zuständigkeit für Kapitalprozesse gegen Senatoren zu entziehen. Zu Beginn der Regierung Domitians hatte man versucht, diese Exemption durch Senatsbeschluß zu erreichen, und war am Einspruch des Kaisers gescheitert. Nach seinem Sturz wurde der Beschluß nicht nachgeholt; aber Nerva versprach vor dem Senat, daß er sich der kapitalen Iurisdiktion über Senatoren enthalten werde. Traian ist mit seinem Gelöbnis diesem Beispiel gefolgt. Er hat sein Versprechen auch gehalten und über Senatoren den Senat richten lassen. Zeigt sich in dieser Selbstbeschränkung wirklich, wie die Überlieferung will, Gerechtigkeitssinn, oder war sie bloßes politisches Kalkül? Zur Beantwortung dieser Fragen müssen wir weiter ausholen.

Der von Augustus begründete Prinzipat war eine monarchische Staatsordnung in den Formen der republikanischen Verfassung. Die Eigentümlichkeit dieser Staatsordnung kommt vielleicht am deutlichsten darin zum Ausdruck, daß der Princeps keine verfassungsrechtliche Amtsstellung hatte; er war formal Privatmann. Ihm waren jedoch die Befugnisse bestimmter Magistraturen übertragen, die ihm die Macht im Staate sicherten. Seine Legitimation zur Herrschaft gründete sich auf sein persönliches Ansehen, auf seine *aucto-*

ritas. Diese kunstvolle Verfassungskonstruktion sollte die republi-
kanisch gesinnte römische Oberschicht für den neuen Staat gewinnen. Zu den Grundregeln der Prinzipatsverfassung gehörte es, daß
der Kaiser ihre republikanischen Einrichtungen respektierte. Domitian hatte diese Grundregel verletzt. Die Formen, in denen er seinen autokratischen Herrschaftsanspruch durchzusetzen versuchte,
die Ernennung zum Konsul auf zehn Jahre oder die Bekleidung der
Censur auf Lebenszeit, waren Eingriffe in die republikanischen In-
stitutionen. Den Widerstand ihrer Träger und Hüter, der Senatsaristokratie, versuchte er mit Gewalt zu brechen und scheiterte.

Traian handelte anders. Planvoll und zielstrebig beachtete er mit
äußerster Sorgfalt die republikanischen Einrichtungen und Formen
des Staatslebens und nahm jede Rücksicht auf den Senat. Schon
seine erste Anordnung ist Ausdruck dieser Politik: Er verfügt, daß
sein Vorgänger Nerva im Mausoleum Augusti beigesetzt und sein
Leichnam, wie einst der des Augustus, von Senatoren getragen
werden sollte. Für seine Rückkehr nach Rom untersagte er jeden
Aufwand: zu Fuß, wie ein Privatmann, betrat er die Stadt und zur
abermaligen Darstellung seiner *modestia* begrüßte er die ihn erwar-
tenden Senatoren mit einem Kuß. Domitian hatte den Senat be-
schließen lassen, daß er zu den Sitzungen in der Toga des Triumpha-
tors erscheinen könne. Traian betrug und benahm sich in der Kurie
wie irgendein Mitglied des Senats, und als Konsul nannte der Kaiser
die Prätoren seine Kollegen. Sein erstes Konsulat im Jahre 91 war
eine Auszeichnung durch Domitian und wird darum von Plinius in
seiner Lobrede unterschlagen. Während seines zweiten Konsulats,
das er 98 noch gemeinsam mit Nerva antrat, war er nicht in Rom.
Seine dritte Ernennung im Oktober 99, bald nach seiner Rückkehr,
nützte er zu einer auffälligen Demonstration seiner Senatspolitik:
Persönlich erschien er auf dem Marsfeld, um sich in den abgelebten
Formen der Republik designieren zu lassen. Stehend schwur er vor
den sitzenden Konsuln den alten Eid, daß er sich und sein Haus dem
Zorn der Götter preisgebe, wenn er wissentlich fehlen sollte. Plinius konnte es kaum fassen: *Quod ego nunc primum audio, nunc
primum disco, non est ,princeps supra leges', sed ,leges supra princi-
pem'.* Zum ersten Male hörte und lernte er, daß nicht der Princeps
über dem Gesetz, sondern das Gesetz über dem Princeps steht.

Beim Abschluß des ersten Dakerkrieges im Jahre 102 ließ Traian den Friedensvertrag vom Senat bestätigen. Diese im Prinzipat einmalige Maßnahme schien dem Senat eine seiner vornehmsten Befugnisse aus republikanischer Zeit zurückzugeben.

Die Antwort des Senats auf diese Politik ließ nicht auf sich warten. Noch im selben oder im nächsten Jahr wurde dem Kaiser durch Senatsbeschluß der Beiname ‚Optimus‘ zuerkannt. Traian nahm diese Ehrung vorerst nicht an, ließ sie aber auch nicht in Vergessenheit geraten. Seit 104 finden wir auf den Münzen der Reichsprägung die Widmungslegende ‚SPQR OPTIMO PRINCIPI‘. Die offizielle Annahme des Titels schob er aber auf bis zum 19. August 114, dem hundertsten Todestag des Augustus. Der Zuruf ‚Felicior Augusto, melior Traiano‘, mit dem der Senat den Nachfolgern Traians akklamierte, zeigt uns die Wirksamkeit dieser Regie.

Was sie verdeutlichen sollte, ist nicht schwer zu erkennen. Der Inhalt dieser Politik Traians war die Erneuerung des Prinzipats in seiner reinen, von Augustus geschaffenen Form, war die Wiederherstellung der augusteischen Prinzipatsideologie, die von seinen Nachfolgern so oft, von keinem aber so offen und grundsätzlich desavouiert worden war, wie soeben von Domitian. Der Gang in die Wahlkomitien, der Schwur vor den Konsuln, das war die förmliche Anerkennung der verfassungsrechtlichen Souveränität von Volk und Senat, war die förmliche Bekräftigung der republikanischen Grundordnung des Staates. Und die verfassungsrechtliche Stellung des Princeps als eines Bürgers unter Bürgern, ausgezeichnet nur durch das überragende Ansehen seiner Person, diese Stellung hätte Traian nicht sichtbarer bezeugen können als bei seinem Einzug in Rom durch sein Auftreten in der Pose des Privatmanns.

Eine Beteiligung des Senats am Regiment bedeutete diese Politik jedoch nicht. Traian dachte über die Rolle des Senats im Verfassungsleben kaum anders als Domitian. Für Tacitus, der in Traian zunächst einen Gleichgesinnten vermutet hatte, war daher seine Regierung ‚Imperium‘, Herrschaft, und nicht, wie die Nervas, ‚Prinzipat‘. Nerva hatte den Senat an den Staatsgeschäften beteiligt – aus Überzeugung und Notwendigkeit. Als ein Mann des Senats war er von der senatorischen Fronde gegen Domitian zum Kaiser erhoben worden, und die Solidarität seines Standes war die einzige

Stütze seiner Macht. Wie es dagegen unter Traian zuging, können wir einem Plinius-Brief entnehmen. Mit gespieltem Ernst erzählt der Schreiber von dem Durcheinander bei einer Abstimmung im Senat, um, wie er hinzufügt, die seltene Gelegenheit zu nutzen, auch einmal von Staatsgeschäften zu reden; denn alles hänge ja sonst vom Willen des Einen ab, der zum allgemeinen Nutzen die Mühen und Sorgen für alle ganz und gar auf sich genommen habe.

Traian hat keinen Augenblick daran gedacht, Nervas Regierungspraxis fortzusetzen, und er hat auch nicht gezögert, jedermann im Reich dies wissen zu lassen. Die Münzprägung, das wichtigste Publikationsorgan und neben der Staatsarchitektur auch das wirksamste Propagandamittel der Kaiser, zeigt schon in den ersten Regierungswochen Traians Absicht. Unmittelbar nach dem Tode Nervas veranstaltete der Senat ohne Wissen Traians eine Emission, deren Münzen auf der Rückseite mit der Beischrift ‚Providentia Senatus‘ einen Vertreter des Senats und den Princeps zeigen, wie sie gemeinsam die Erdkugel halten. Die Deutung dieser Darstellung ist einfach: Kaiser und Senat wollen die Last der Regierung gemeinsam tragen; die Beischrift ‚Providentia Senatus‘ hebt den Anteil des Senats besonders hervor. Unter Nerva war dieser Typus gebräuchlich: Traian verbot ihn, sobald er von der Prägung erfuhr. Und auch die anderen Typen und Legenden, die in der kurzen Regierungszeit Nervas das Programm des neuen Zeitalters verkündeten, nämlich ‚Libertas‘ und ‚Iustitia‘, ‚Aequitas‘ und ‚Salus publica‘, hat Traian nicht weitergeführt. In seinen ersten Regierungsjahren sind in programmatischen Fragen die Münzen wieder so schweigsam wie unter Domitian.

Was ergibt sich aus den dargestellten Zusammenhängen für unsere Fragen? Traians Gelöbnis, er werde keines Senators Leben oder Ehrenstellung antasten, war nichts anderes als ein Eröffnungszug, die Einhaltung des Versprechens Bestandteil seiner Senatspolitik. Der Zuruf ‚Felicior Augusto, melior Traiano‘, mit dem der römische Senat bis in die Spätzeit den Kaisern das Vorbild Traians verkündete, beeindruckt uns nicht mehr; er ist ein Zeugnis für die Wirksamkeit der Regierungspropaganda Traians; über die Gerechtigkeit seiner Herrschaft sagt er nichts.

Was bleibt, ist die Senatspolitik selbst. Den Versuch Nervas, gemeinsam mit dem Senat das Reich zu regieren, hat Traian abgebrochen und den Senat an den Staatsgeschäften so wenig beteiligt, wie es Domitian getan hatte. Im Gegensatz aber zu Domitian war seine Senatspolitik frei von Gewalt und Terror. Domitian hat vom Beginn seiner Regierung an den Senatorenstand gedemütigt, später verfolgt und unterdrückt. Traian ist den anderen, vielleicht schwierigeren Weg gegangen: er hat dem Senat geschmeichelt – und war damit erfolgreich.

Warum aber ist Traian diesen Weg gegangen, den noch keiner seiner Vorgänger versucht hatte? Die Mittel der Gewalt und Unterdrückung hätten auch ihm zu Gebote gestanden. War sein Verzicht auf sie bloßes politisches Kalkül, eine pragmatische Entscheidung nach den Mißerfolgen seiner Vorgänger, jederzeit, wenn der Erfolg des neuen Weges ausblieb, revidierbar – oder war dieser Verzicht eine Absage an Gewalt und Unterdrückung, war er eine Tat der Gerechtigkeit?

Die Antwort auf diese Fragen werden wir vielleicht dann geben können, wenn wir alle Zeugnisse seines rechtlichen und rechtspolitischen Handelns kennen.

II.

Wir kommen zum zweiten Punkt, den die römische Geschichtsschreibung und die Dankrede des Plinius für die Gerechtigkeit Traians anführen: zu seiner Fiskalpolitik.

Die unter Augustus ergangenen Ehegesetze schränkten die Erbfähigkeit lediger und kinderloser Personen ein. Die Regelung war im einzelnen äußert verwickelt und unübersichtlich. Dem Grundsatz nach aber konnten aus Testament Unverheiratete gar nichts, kinderlos Verheiratete das Erbe oder Vermächtnis, das ihnen zufiel, nur zur Hälfte erwerben. Was von ihnen nicht erworben werden konnte, verfiel unter bestimmten Umständen an die Staatskasse. Der betroffene Erbe oder Legatar, der seine Abgabenpflicht nicht selbst anmeldete, konnte von jedem Dritten als abgabenpflichtig angezeigt werden, und um die Effektivität des mißliebigen Gesetzes noch weiter zu fördern, war dem Denunzianten, dessen Anzeige der Staatskasse eine verfallene Erbschaft einbrachte, im Gesetz selbst eine beträchtliche Belohnung ausgesetzt. Durch den Anreiz der Prämie wurde die erbschaftliche Denunziation jedoch zu einer dauernden öffentlichen Plage. Mißgunst, Neid und Habgier hatten in ihr ein wohlfeiles Mittel; gewerbsmäßige Delation breitete sich allenthalben aus; auf Verdacht hin wurde denunziert, und wer erbte, wurde verdächtigt. Die Kaiser sind gegen diesen Mißbrauch der Delation immer wieder eingeschritten. Wo aber ihr Regiment in Tyrannei entartete und ihren willkürlichen Konfiskationen auch die Ehegesetze zum Vorwand dienten, waren ihnen die Delatoren willkommene Handlanger.

So war es auch in den letzten Regierungsjahren Domitians gewesen. Nach seiner Ermordung hatte dann die gerichtliche Verfolgung der Delatoren sofort und hemmungslos eingesetzt, war aber von Nerva, um Auswüchsen vorzubeugen, alsbald wieder unterbunden worden. Traian dagegen nahm sie wieder auf; er bestrafte die Schuldigen mit Deportation und ließ sie vor ihrer Einschiffung durch die Arena des Amphitheaters führen.

Diese verspätete Strafaktion gegen die Zuträger des vergangenen Willkürregimes war vielleicht ein Gebot der Gerechtigkeit; sie mochte auch für die Zukunft jedem Denunzianten eine Warnung sein. Traians Motive waren das aber nicht. Das Spektakuläre seiner Maßnahmen und die Überschwenglichkeit und unverhohlene Genugtuung, mit der Plinius in seiner Lobrede dem Kaiser für diese Justiz dankte, stellen außer Zweifel, daß sie für Traian vielmehr ein Mittel war, die oberen Schichten für sich zu gewinnen. Sie hatten naturgemäß am meisten unter den Delatoren gelitten, und ihre Vergeltungssucht war ungebrochen. Die Strafaktion steht ersichtlich in Einklang mit der geschilderten Senatspolitik Traians.

Plinius preist indessen nicht nur die Strafaktion, er rühmt auch die Rückkehr Traians zu strenger Rechtlichkeit in der Anwendung der Ehegesetze. Traian ließ es dabei aber nicht bewenden. In einem Edikt verfügte er, daß Junggesellen und Verheiratete ohne Kinder nur die Hälfte des nach den Gesetzen an sich verfallenen Erbes an den Fiskus abzuführen brauchten, wenn sie selbst die Zuwendung aus Erbeinsetzung oder Legat dem Aerar anzeigten. Hielt man gegen alle Kritik an der unglücklichen Ehegesetzgebung des Augustus fest, so wurde sie doch durch diese Bestimmung erheblich liberalisiert. Das Edikt war ein wirkungsvoller Schlag gegen das Delatoren-unwesen. Darin lag aber nicht seine eigentliche Bedeutung. Die Möglichkeit der Selbstanzeige mit der Wirkung, nur die Hälfte des verfallenen Erbes an den Fiskus abführen zu müssen, verwandelte die rigorosen Sanktionen gehen Ehe- und Kinderlosigkeit im praktischen Ergebnis in eine diskutable Erbschaftssteuer für Junggesellen und Verheiratete ohne Kinder. Auch wenn diese Novellierung nicht, wie oft angenommen wird, auf Kosten der Staatskasse gehen mußte, bleibt es wahrscheinlich, daß für sie die Einsicht in die Wirkungslosigkeit der augusteischen Gesetze und eine größere Liberalität gegenüber dem Bürger maßgebend waren.

Für Domitian war ihr Mißbrauch nicht das einzige Mittel gewesen, die Einkünfte der durch Bauten, Spiele und Solderhöhungen ruinierten Staatskasse aufzubessern. Seit den Zeiten der Republik gehörte es zu den privaten *officia*, nahe Freunde im Testament zu bedenken: Erbschaften und Legate galten als Auszeichnung des Bedachten und mehrten daher sein Ansehen und seine Geltung. Aus diesem Grunde sorgte Augustus dafür, daß es ebenso üblich wurde, den Princeps zu bedenken. Die Zuwendungen fielen aber auch als Einnahmen ins Gewicht. Augustus konnte sich am Ende seines Lebens rühmen, in den letzten zwanzig Jahren aus Vermächtnissen seiner Freunde 1,4 Milliarden Sesterzen geerbt zu haben, ein Betrag, der für diese Zeit gut die Hälfte des Militärhaushaltes deckte. War er einmal übergangen worden, zeigte er sich allerdings mißmutig und nicht gebührend geachtet. Anders reagierte Domitian. Wie die schlimmsten seiner Vorgänger, wie Caligula und Nero, erklärte er ein solches Testament wegen Undanks gegen den Kaiser für nichtig und konfiszierte kurzerhand den gesamten Nachlaß. Nachlässe vollkommen fremder Personen, gegen die der Vorwurf des Undanks allzu fern lag, wurden als Fideikommiß eingefordert; es genügte, daß ein Zeuge auftrat und bekundete, er habe den Erblasser sagen hören, sein Erbe sei der Kaiser. Fideikommisse konnten nämlich auch mündlich ausgesetzt werden, und an willfährigen Zeugen hat es Despoten nie gefehlt.

Unter diesen Umständen war es für einen Testator nur ein Gebot der Klugheit, dem Kaiser einen Teil seines Vermögens zu opfern, um so jedenfalls den Rest seinen Erben zu erhalten.

Für Plinius sind diese Rechtsbrüche der Kontrast zur Rechtlichkeit Traians. *Testamenta nostra secura sunt:* Unsere Testamente sind sicher; Traian rührt sie nicht an. Daß es *so* ist und nicht wie unter Domitian: das ist die Wohltat, ist für Plinius die Rechtlichkeit seines Kaisers.

Zu ihr gehört, schließlich, auch die Einschränkung der Majestätsprozesse. Die gesetzliche Strafe für Majestätsverbrechen war Verbannung, mit ihr, seit Tiberius, aber stets die Einziehung des gesamten Vermögens verbunden. *Crimen maiestatis* war jedes Vergehen gegen den Bestand des Staates und gegen seine Organe. Von altersher war es durch keinen Tatbestand begrenzt, von Augustus aber ausdrücklich auf die Ehrenkränkung des Princeps erstreckt worden. Da die Kaiser selbst bestimmten, was ihre Ehre kränkte, war die Anklage wegen Majestätsbeleidigung ein ideales Instrument, mißliebige Kritik zu ersticken, unbequeme Opposition zu unterdrücken und politische Gegner auszuschalten. Ebenso dienlich war sie aber auch der Aufbesserung der Staatsfinanzen. Kaum ein Kaiser des ersten Jahrhunderts hat der Versuchung widerstanden, den Majestätsprozeß zum einen oder anderen Zweck gelegentlich zu mißbrauchen. In der Hand der Tyrannen aber wurde er zum Werkzeug des Terrors, und keiner hat ihn skrupelloser eingesetzt als Domitian: zur Auffüllung der Staatskassen wie zur blutigen Verfolgung der oppositionellen Senatskreise, zuletzt aller, auf die sein Mißtrauen fiel.

Nach Domitians Ermordung hat Nerva Majestätsprozesse untersagt. Traian hielt daran offenbar nicht fest. Plinius dankt ihm aber, daß er die Furcht vor Anzeige und Verfolgung genommen habe, durch die das ganze bürgerliche Leben zersetzt worden sei; und um das Glück der Gegenwart zu berufen, erinnert er an die Zeiten, in denen der Freund nicht mehr dem Freunde, der Vater nicht mehr dem Sohn, der Herr nicht mehr dem Sklaven habe vertrauen können.

Wir ziehen an dieser Stelle eine Zwischenbilanz. Das Lob der römischen Geschichtsschreibung, daß Traian die Staatskasse niemals auf ungerechte Weise bereichert habe, dürfen wir auf die Regulierung der außerordentlichen Staatseinnahmen beziehen. Sie bedeutete im einzelnen, daß die Ehegesetze nicht mißbraucht wurden, um die Rate der verfallenen Erbschaften zu steigern; daß die Sitte, den Princeps im Testament zu bedenken, nicht durch willkürliche Eingriffe in Zwang verkehrt wurde; und daß Majestätsprozesse nicht um der *bona damnatorum* willen geführt wurden. Diese Beachtung von Recht und Gesetz stand im Gegensatz zur Praxis der letzten Regierungsjahre Domitians. Diesen Gegensatz nutzt Plinius zur Erhöhung Traians, indem er dessen Verhalten an den Rechtsbrüchen Domitians mißt. So erscheint, wo immer Domitian das Recht gebrochen hat, die Beachtung des Rechts durch Traian als besonderes Verdienst.

Und doch ist der Vergleich, den Plinius immer wieder anstellt, nicht nur ein billiges Mittel des Rhetors. Mit der Erhöhung Traians durch die Geißelung Domitians entledigte er sich nicht nur kunstfertig seiner Aufgabe. Wir wissen es auch aus Tacitus: Was Plinius in schwülstiger und affektierter Rede vortrug und artikulierte, war die Meinung und das Empfinden seines, des Senatorenstandes.

Es ist aber auch nicht zu übersehen, daß Traians Regulierung der außerordentlichen Staatseinnahmen vor allem der stadtrömischen Oberschicht und also in erster Linie eben diesem Senatorenstand zugute kam. Die Rückkehr zu einer gesetzlichen Fiskalverwaltung paßt demnach gut in den Rahmen seiner Senatspolitik.

Damit stellt sich aber auch hier die Frage: war für Traian die strikte Bindung der Fiskalverwaltung an Gesetz und Recht *nur* ein Mittel seiner Senatspolitik, *nur* eine Maßnahme politischer Zweckmäßigkeit – oder auch ein Gebot der Rechtsstaatlichkeit? *Die* Quellen, die uns den Ruhm der Gerechtigkeit Traians überliefern, gründen diesen Ruhm jedoch *nur* auf Maßnahmen zugunsten der Senatsaristokratie.

Die Frage nach der *Gerechtigkeit* Traians müßte demnach offenbleiben, wenn nicht eine Reihe unmittelbarer Zeugnisse seiner Rechtspolitik und Rechtspflege erhalten wären. Diese Reskripte, Mandate und Edikte betreffen verschiedene Bevölkerungsschichten und Lebensbereiche sowohl in Rom wie in den Provinzen, und geben uns darum wohl ein verläßliches Bild von den Grundsätzen und Maßstäben der Verwaltung und Justiz Traians.

III.

Ein schönes Selbstzeugnis ist der Brief, mit dem Traian die fiska-
listischen Vorschläge seines Statthalters Plinius über die Verwen-
dung von öffentlichen Geldern beantwortet. Der Finanzfachmann
Plinius war im Jahre 111 mit dem besonderen Auftrag nach Bithynien geschickt worden, die dort zerrütteten Munizipalfinanzen neu
zu ordnen. Jetzt befürchtete er, daß die inzwischen wieder einge-
henden Gelder als totes Kapital, als *pecuniae otiosae,* liegen blie-
ben. Traian soll entscheiden, ob man den Zinsfuß senken, und wenn
die Gemeindegelder auch dann noch nicht ausgeliehen werden können, die Ratsherren zwingen soll, die Gelder für ihre privaten
Zwecke als Darlehn aufzunehmen. Traian empfiehlt zwar, den
Zinsfuß zu reduzieren, fährt dann aber fort: ‚Jemanden gegen seinen Willen zu zwingen, ein Darlehn aufzunehmen, das für ihn
selbst vielleicht nur totes Kapital wäre, entspricht nicht der Gerechtigkeit unserer Zeit: *non est ex iustitia nostrorum temporum.*' Der
Hinweis, daß die aufgezwungene Darlehnssumme auch für den
Schuldner totes Kapital sein könnte, ist eine Spitze gegen Plinius,
vielleicht aber auch von der Vorstellung bestimmt, daß es dem Staat
nicht anstehe, sich auf Kosten seiner Bürger zu bereichern. Der un-
glückliche Vorschlag selbst wird sogleich verworfen, seine Ableh-
nung so eindrücklich wie möglich begründet: einen Untertanen zu
zwingen, ein Darlehn aufzunehmen, sei nicht vereinbar mit dem
Rechtsgefühl seiner, Traians, Zeit. Das erstaunliche Wort erhebt
die eigene Regierung, die inzwischen dreizehn Jahre dauerte, zu einem neuen Zeitalter und nimmt als ihre oberste Maxime die Gerechtigkeit in Anspruch. Für das Pathos dieser Bekundung möchte ihr
Anlaß, Plinius' Sorge um die Anlage der Gemeindegelder, zu gering
erscheinen. Aber war er es wirklich? Plinius' Vorschlag zeigt uns,
daß eine staatliche Zwangsmaßnahme, wie er sie wollte, für einen
rechtlich denkenden Mann seiner Zeit nicht unbedingt anstößig
war. Für Traian war sie es. Sein Bescheid belehrt Plinius, daß
Zwang gegen den Bürger dann seine Berechtigung verliere, wenn
das Wohl des Bürgers nicht das Ziel der Maßnahme sei. Das Wohl
des Staates stehe nicht *über* dem Wohl des Bürgers, es *sei* vielmehr
das Wohl des Bürgers, und nach dieser Einsicht zu handeln, ein Gebot der Gerechtigkeit.

Im dritten Jahr seiner Statthalterschaft berichtete Plinius an den Kaiser, jede bithynische Gemeinde habe unter ihren Ratsherren auch Bürger anderer bithynischer Städte; diese Gewohnheit widerspreche der Lex Pompeia, dem von Pompeius 63 v. Chr. gegebenen Provinzstatut, sei jedoch seit langem eingerissen, und die verletzte Vorschrift werde allgemein als veraltet betrachtet. Traian bestimmte, an die Vergangenheit nicht zu rühren, in Zukunft aber die Lex Pompeia einzuhalten. Und er fügte hinzu: ‚wollten wir ihr auch rückwirkend Geltung verschaffen, würde gewiß große Verwirrung entstehen'. Die politisch kluge Entscheidung will einerseits eine Herausforderung der leicht erregbaren Bevölkerung der stets unruhigen Ostprovinz vermeiden und andererseits die Autorität der *lex Romana* wahren; sie genügt aber auch den Anforderungen der selbst bezeugten Maxime des kaiserlichen Handelns.

Wenden wir uns der juristischen Überlieferung zu, so ist zunächst bemerkenswert, daß sich das Gros der Traian zugeschriebenen Reskripte, Mandate und Edikte auf folgende Regelungsbereiche konzentriert: das Erb- und Vormundschaftsrecht, auf das Sonderrecht der Soldaten und auf das allgemeine Straf- und Strafverfahrensrecht.

Aus dem Erbrecht berichtet der Jurist Marcian, daß Traian, wenn er zum Erben eingesetzt und ohne ein Vorausvermächtnis mit einem Universalfideikommiß belastet worden war, meistens auf die falzidische Quart verzichtet habe.

Ich verdeutliche den Sachverhalt sofort. Das Universalfideikommiß, eine Art Gesamtvermächtnis, verpflichtete den Erben, die gesamte Erbschaft an einen Dritten wieder herauszugeben. Der Erblasser griff zu diesem Institut, wenn er den Dritten, dem er sein Vermögen zuwenden wollte, aus formalen Gründen nicht als Erben einsetzen konnte. Die Wirksamkeit des Fideikommiß hing aber davon ab, daß der eingesetzte Erbe die Erbschaft auch antrat. Trat er sie an, hatte er praktisch aber nur die Funktion eines Testamentsvollstreckers; denn er mußte ja alles wieder herausgeben, was er selbst durch die Erbfolge erhielt. Um ihn dennoch zum Erbschaftsantritt zu veranlassen, räumte ihm das Senatusconsultum Pegasianum das Recht ein, ein Viertel der Erbschaft, die falzidische Quart, für sich zu behalten. Fand der Erblasser in seiner Umgebung keinen vertrauenswerten Erben, so konnte er den Princeps einsetzen, dem dann natürlich auch die falzidische Quart zustand.

Der Verzicht Traians auf dieses Recht war gewiß eine populäre Maßnahme, die außerdem den Fiskus von Haftungsrisiken und Verwaltungsaufwand entlastete. Diese Auswirkungen waren aber kaum das maßgebende Motiv seiner Entscheidung. Der Kaiser verzichtete auf die Quart, weil nicht die Aussicht auf ihren Gewinn ihn bestimmte, die Erbschaft anzutreten, sondern die Sorgepflicht des Princeps für den Bürger. Ihr entsprach das Vertrauen des Bürgers in die Integrität und Zuverlässigkeit seiner Fiskalverwaltung, das uns nicht untrüglicher bezeugt werden könnte, als durch eben jene letztwilligen Verfügungen, die den Kaiser zum Erben einsetzen und ihn gleichzeitig mit einem Gesamtfideikommiß belasten. Traians Entscheidung haben nur noch Hadrian und Antoninus Pius übernommen.

Von den Entscheidungen *de re militari* heben wir zwei heraus.

Ein Angeklagter, der eines Kapitalverbrechens beschuldigt wurde, war, offenbar um sich dem Prozeß zu entziehen, freiwillig unter die Soldaten gegangen. Traian gab folgenden ausführlichen Bescheid: Die Sache sei vor dem Militärgericht zu verhandeln; werde der Angeklagte des Verbrechens überführt, sei er dort mit dem Tode zu bestrafen; könne er sich aber wirksam verteidigen, so sei er immerhin unehrenhaft aus dem Soldatendienst zu entlassen und seinem ordentlichen Richter zur erneuten Verhandlung zu überstellen; als Freiwilliger in die Armee zurückkehren, könne er aber auch dann nicht mehr, wenn er von diesem endgültig freigesprochen werde. Diese Entscheidung ist in den Digesten überliefert.

Mit einem vergleichbaren Fall war Plinius in Bithynien befaßt. Unter den Rekruten hatte man zwei Sklaven entdeckt und ihm zur Aburteilung gebracht. Seine Anfrage, wie er sich verhalten solle, beantwortete Traian ähnlich detailliert: Bei der Bestrafung der Sklaven sei zu berücksichtigen, ob sie sich freiwillig gemeldet hätten, ob sie gezogen oder ob sie als Ersatzmänner gestellt worden seien. Wenn man sie gezogen habe, sei bei der Aushebung ein Fehler unterlaufen; wenn man sie als Ersatzmänner gestellt habe, liege die Schuld bei denen, die sie gestellt hätten; zu bestrafen seien sie nur dann, wenn sie trotz Kenntnis ihres Standes von sich aus gekommen seien.

Die beiden Bescheide zeigen, wie der Kaiser selbst auf das Ansehen des Heeres bedacht war, das dort durch den Eintritt eines Beschuldigten, hier durch den der Sklaven gefährdet wurde. Was die beiden Bescheide aber für unser besonderes Interesse bemerkenswert macht, ist weniger der Inhalt ihrer Anweisungen; wichtiger ist, wie sorgfältig Traian die beiden Fälle behandelt. Im Fall des Beschuldigten, der sich durch den Eintritt ins Heer dem Prozeß entziehen wollte, werden die Alternativen bedacht, die Sanktionen bestimmt und genaue Verfahrensvorschriften erteilt. Und an Plinius schreibt Traian nicht einfach, unter welchen Voraussetzungen die Sklaven zu bestrafen seien, sondern setzt ihm im einzelnen auseinander, welche Gesichtspunkte er zu berücksichtigen habe. Solche Eindringlichkeit ist nicht denkbar ohne ein unmittelbares Interesse an der rechtsstaatlichen Behandlung und gerechten Lösung auch des Einzelfalls.

Nach allem, was wir bisher kennengelernt haben, müssen andere Maßnahmen Traians überraschen. Zu den uns heute besonders abstoßenden Gesetzen des Prinzipats gehörte das unter Augustus ergangene Senatusconsultum Silanianum. Der Senatsbeschluß drohte für den Fall der Ermordung des Herrn allen Sklaven, die zur Zeit der Tat in seiner Nähe waren, Folterung und Todesstrafe an, mochten sie schuldig oder unschuldig sein; der Hinrichtung entging ein Sklave nur dann, wenn die Untersuchung ergab, daß er dem Dominus ohne Rücksicht auf seine eigene Gefährdung beigestanden hatte. Traian hat diesen Senatsbeschluß noch ausgedehnt: er hat ihn auf die Freigelassenen erstreckt, denen der ermordete Dominus zu seinen Lebzeiten die Freiheit gegeben hatte.

Für eine Erklärung dieser Anordnung gibt es keinen plausiblen Anhaltspunkt. Wir wissen zwar, daß Traian das unter seinen Vorgängern zeitweise allein bestimmende Regiment der Freigelassenen am Hofe rigoros beseitigt hat. Mit dieser Maßnahme wird man die Erstreckung des Senatusconsultum Silanianum auf Freigelassene aber auch dann nicht ohne weiteres in Zusammenhang bringen können, wenn man hinzunimmt, daß an den Kaisermorden des ersten Jahrhunderts durchweg Freigelassene beteiligt waren.

Leichter ist die Tendenz von drei Reskripten über die Vernehmung von Sklaven als Zeugen zu bestimmen. Nach einem alten Senatusconsultum, das von Traian erneut eingeschärft worden sein
soll, konnte ein Sklave wohl zugunsten seines Herrn, nicht aber zu
dessen Belastung als Zeuge gehört werden. Zur Anwendung dieser
Maxime sind uns drei Reskripte Traians überliefert.

Einmal hat Traian entschieden, daß der Sklave des Ehemanns *in
caput uxoris,* das heißt in Strafprozessen gegen die Ehefrau, vernommen werden darf.

In einem anderen Reskript gab er folgenden Bescheid: Das Vermögen eines Verurteilten war als Nebenstrafe konfisziert worden.
Traian erlaubte, die zu diesem Vermögen gehörenden Sklaven gegen ihren früheren Dominus, offenbar in einem neuen Prozeß, zu
vernehmen. Seine Begründung: *quia desierunt esse ipsius* – weil sie
ihm nicht mehr gehörten.

Das dritte Reskript ist in einem komplizierteren Fall ergangen.
Zwei Sklaven waren als Mittäter ihres Herrn angeklagt und wech-
selseitig, nämlich der eine über den anderen, vernommen worden.
Dabei hatten sie aber auch den Dominus belastet. Traian stellte dem
Richter frei, diese Aussagen gegen den Dominus zu verwenden.

Die drei Entscheidungen bedeuten eine strikte, ja sogar ein-
schränkende Anwendung des Satzes, daß ein Sklave zum Nachteil
seines Dominus nicht gehört wird. In allen drei Fällen hätte die ent-
gegengesetzte Entscheidung eigentlich näher gelegen.

War ein Dominus umgebracht worden, so wurden, wie jedenfalls
der Jurist Ulpian berichtet, auch die Sklaven der Ehefrau nach dem
Senatusconsultum Silanianum verfolgt, *quia commixta familia est et
una domus est* – weil der Ehegatten Haus und Gesinde eins seien.
Hätte Traian *diesen* Gesichtspunkt gelten lassen, so hätte er in seinem Fall entscheiden müssen, daß der Sklave des Ehemannes *in caput uxoris nicht* gehört werden dürfe.

Die Paulussentenzen überliefern, daß ein Sklave auch gegen seinen früheren Herrn, der ihn verkauft hat, nicht als Zeuge vernommen wurde. Traian ließ dagegen im Fall des verurteilten Dominus
die Vernehmung der mit dem Vermögen konfiszierten Sklaven gerade mit dem Argument zu, daß der Sklave dem Verurteilten ja nicht

mehr gehöre. Offenbar war für ihn allein das Eigentumsverhältnis maßgebend.

Ebenso formal scheint er im dritten Reskript verfahren zu sein, wo er die Verwertung einer Aussage gegen den Dominus erlaubte, die bei anderer Gelegenheit gewonnen war. Die Maxime verbot die Vernehmung des Sklaven *in caput domini*, im Strafprozeß gegen den Herrn. Hier waren die Sklaven aber nicht gegen den Dominus, sondern der eine über den anderen vernommen worden und hatten bei dieser Gelegenheit den Dominus belastet.

Traians restriktive Interpretation der Verfahrensregel erleichterte die Untersuchung von Straftaten. Ich möchte daher annehmen, daß sie dem Ziel dienen sollte, die Strafverfolgung zu intensivieren. Das Verbot, den Unfreien mit einer Aussage gegen seinen Dominus zu hören, war aber für den Sklavenstaat durchaus fundamental. Der Versuch des Sklaven, seinen Herrn zu belasten, wurde darum auch als Kapitalverbrechen mit dem Tode bestraft. Jede Einschränkung des Verbots war demnach ein zwar schwer wägbarer, aber unmittelbarer Eingriff in die gesellschaftliche Ordnung, die der freie Bürger als Gefährdung seines privaten Freiheitsraumes empfinden mußte. Traians Anweisungen haben wohl aus diesem Grunde nicht die Zustimmung seiner Zeitgenossen gefunden. Denn seine Nachfolger haben die Verwertung der bei anderer Gelegenheit gewonnenen Sklavenaussage gegen den Dominus nicht mehr zugelassen, und wahrscheinlich hat Traian auch mit den beiden anderen Entscheidungen kein dauerndes Recht geschaffen.

Sind diese Entscheidungen Traians schwer einzuschätzen, so ist die Bedeutung anderer Maßnahmen um so deutlicher. Traian war es nicht nur um die Wirksamkeit der Strafverfolgung zu tun: nicht weniger wollte er ein gerechtes, vor allem die Willkür ausschließendes Strafverfahren. Seit der späten Republik hören wir immer wieder, daß Strafurteile auch gegen Abwesende gesprochen wurden. Traian war es, der verordnete, daß niemand in Abwesenheit verurteilt werden dürfe. Jedem Angeklagten sicherte er so das rechtliche Gehör. In einem anderen Reskript wies er die Untersuchungsrichter an, bei der Zeugenvernehmung keine Suggestivfragen zu stellen; zu leicht unterschiebe man sonst dem Zeugen die erwartete Antwort. Aber mehr noch: Ausdrücklich verbot er, auf bloßen Verdacht hin zu verurteilen. Einen Schuldigen ungestraft zu lassen, sei besser, als einen Unschuldigen zu bestrafen.

Als sich in Bithynien im Jahre 112 die Christenprozesse häuften, bat Plinius den Kaiser um Instruktion; er wollte wissen, wie die Anklagen zu behandeln seien. Das Bekenntnis zum Christenglauben war als Abfall von der polytheistischen Reichsreligion Majestätsverbrechen. Traian bestimmte gleichwohl, daß man nach den Christen nicht fahnden solle; und wer angezeigt und des Christenglaubens überführt werde, sei nur dann zu verurteilen, wenn er sich auch jetzt noch als Christ bekenne und weigere, die Götter anzurufen. – Seit den frühen Kirchenvätern ist diese Entscheidung immer wieder angegriffen worden. Tertullian, der erste lateinische Theologe, hat sie schon in seiner Verteidigung des Christentums, einer Schrift, die um 200 entstanden ist, mit großem advokatorischen Geschick geschmäht und ihr Verworrenheit und Inkonsequenz vorgeworfen: sie verbiete die Fahndung, verlange aber die Bestrafung. Und diese Schelte ist noch heute, auch in der Forschung, gang und gäbe. Für den Juristen ist dagegen evident, daß Traian mit seiner Anweisung die Strafverfolgung der Christen eindämmen, ja nach Möglichkeit ihre Apostasie ignoriert wissen wollte. Bei der großen Verbreitung des Christenglaubens in Bithynien und der Häufung der Anklagen war seine Anweisung rechtspolitisch richtig und klug. War aber auch Toleranz sein Motiv, dann war seine Entscheidung so großzügig, wie es das Recht der Zeit nur zuließ.

Plinius hatte in seiner Anfrage auch berichtet, daß ihm eine anonyme Klagschrift eingereicht worden sei. Von ihr Gebrauch zu machen, hatte *er* keine Bedenken gehabt. Hier sehen wir noch einmal, wie die Maßstäbe selbst eines so rechtlich gesinnten Mannes wie Plinius hinter den Standards des Kaisers zurückblieben. Denn Traian verwies es ihm: anonyme Anzeigen dürften bei *keiner* Straftat berücksichtigt werden; dies wäre nämlich ein schlimmes Beispiel und passe nicht in seine Zeit: *nam et pessimi exempli nec nostri saeculi est.*

Noch einmal begegnen wir hier der stolzen Berufung auf die Gerechtigkeit seines Zeitalters, auf die Standards seiner Regierung. Was diese Standards forderten, was sie zuließen und was sie nicht zuließen, haben wir inzwischen, soweit die juristischen Quellen reichen, kennengelernt.

Für die Einschätzung einiger Maßnahmen versagen unsere heutigen Maßstäbe. Die Erstreckung des Senatusconsultum Silanianum auf die Freigelassenen des Ermordeten war offenbar ohne weiteres möglich; auch Hadrian und Antoninus Pius haben an ihr festgehalten. Traians restriktive Handhabung der Maxime, daß Sklaven nicht als Zeugen gegen ihren Dominus gehört werden sollen, ist dagegen auf Kritik gestoßen, vermutlich weil von ihr freie Vollbürger betroffen waren.

Die anderen Entscheidungen, Anweisungen und Verordnungen Traians bezeugen uns aber Selbstbeschränkung der Staatsmacht gegenüber dem Untertanen, Fürsorge für den Bürger, Achtung vor seinen persönlichen Belangen. Und ein Ruhmesblatt seiner Justizpolitik war die Bindung des Strafverfahrens an Regeln, die den Unschuldigen vor Verfolgungen schützen sollten.

IV.

Ich bin am Ende meines Vortrages angelangt.

Worin ist das besondere Ansehen der Gerechtigkeit Traians begründet? Gebührt ihm wirklich der Ruhm des gerechten Kaisers? Diesen Fragen sind wir nachgegangen. Im ersten Teil des Vortrags ist die Überlieferung über Traian, im zweiten sind die Dokumente seiner Rechtspolitik und Rechtspflege untersucht worden.

Wir sahen, daß gerade die Quellen, die den Ruhm der Gerechtigkeit Traians überliefern, unsere Fragen nicht beantworten. Sie gründen ihn ausschließlich auf Maßnahmen, die den Senatorenstand begünstigten, für dessen Versöhnung mit dem Kaisertum Traian aber jede Gunstbezeugung recht war.

Jetzt allerdings können wir sagen, daß die Abkehr von Gewalt und Unterdrückung und die Rückkehr zu einer rechtsstaatlichen Fiskalverwaltung nicht nur politisches Kalkül waren, sondern einer Grundentscheidung Traians entsprachen: der Entscheidung, den Staat auf die Gerechtigkeit zu stellen. Das nämlich bezeugen seine Reskripte, Mandate und Edikte. So zögern wir am Ende nicht, ihn einen ‚gerechten‘ Kaiser zu nennen, der wohl den Himmel verdient hatte.

www.ingramcontent.com/pod-product-compliance
Lightning Source LLC
Chambersburg PA
CBHW060815100426

42813CB00004B/1087